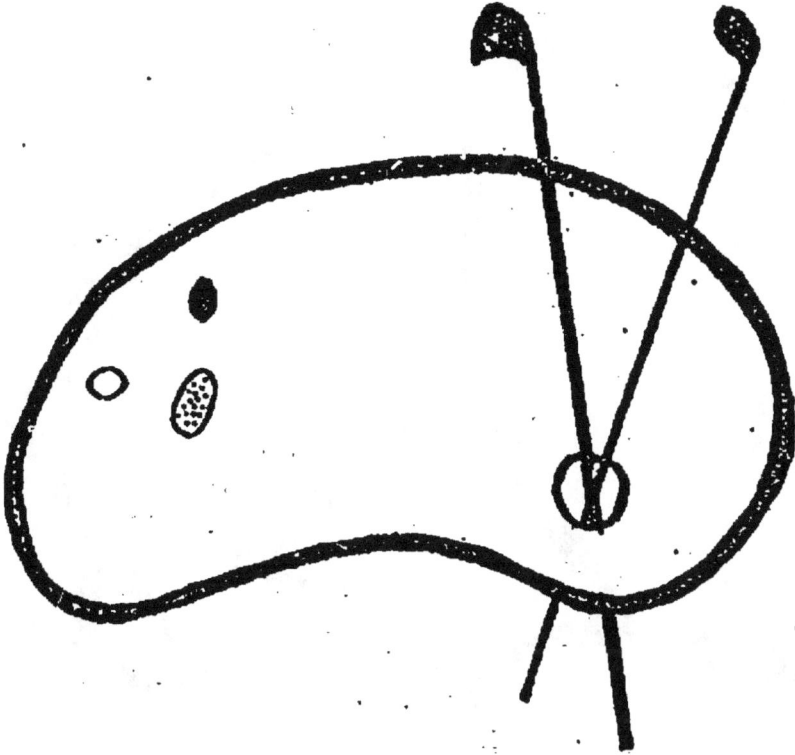

DEBUT D'UNE SERIE DE DOCUMENTS
EN COULEUR

Couverture inférieure manquante

O³ᵢ
21.

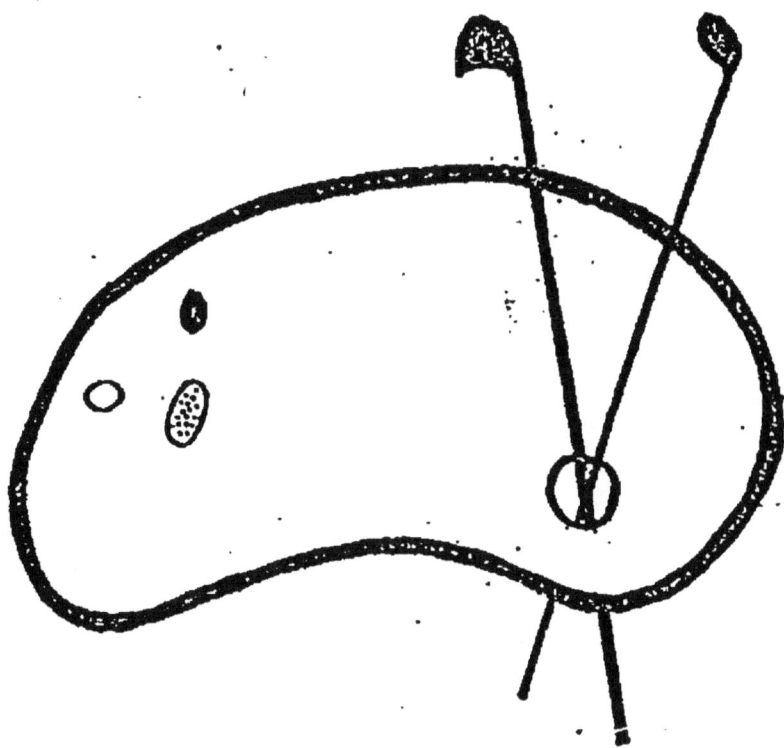

FIN D'UNE SERIE DE DOCUMENTS
EN COULEUR

LA TUNISIE

Colonisation française

OUVRAGES DE M. JOSEPH CHAILLEY-BERT

A LA MÊME LIBRAIRIE :

Lois Sociales (Recueil des textes de la Législation Sociale de la France). Un vol. in-8.

Questions coloniales :

Paul Bert au Tonkin. Un vol. in-18 (Charpentier).

La Colonisation de l'Indo-Chine. Un vol. in-18 (Colin).

Les Fonctionnaires coloniaux de la Hollande. Un vol. in-16 (Colin).

Livret de Colonisation (*Partie de l'Élève. — Demandes et réponses*) (Colin).

Livret de Colonisation (*Partie du Maître. — Sujets de rédaction*) (Colin).

Où en est la Politique coloniale de la France, *L'âge de l'agriculture.* Un vol. in-16 (Colin).

Pour paraître prochainement dans

LA VIE NATIONALE (Bibliothèque de la Politique et de la Science sociale. Léon CHAILLEY, éditeur.)

Les Colonies, par Joseph CHAILLEY-BERT.

1733. — CORBEIL. Imprimerie ÉD. CRÉTÉ.

Joseph CHAILLEY-BERT

LA TUNISIE

ET LA

Colonisation française

PARIS

LÉON CHAILLEY, ÉDITEUR

41, RUE DE RICHELIEU, 41

1896

LA TUNISIE

ET LA

Colonisation française[1]

Dans les premiers jours de mars, le service du
contrôle civil et celui des renseignements rece-
vaient du Résident général de France en Tunisie
une circulaire qui disait en substance : « J'orga-
nise pour le mois prochain une importante tournée
d'études ; je compte sur vous pour m'aider à offrir
à des hôtes éminents une hospitalité digne d'eux
et de nous ; assurez les moyens de transport et
mettez les routes en état ; préparez les logements
et ne ménagez ni l'eau de chaux ni la poudre de
pyrèthre. » Sans perdre une heure, fonctionnaires
et officiers s'attelèrent à la besogne : les travail-

(1) Cette étude a paru d'abord dans la Revue *Cosmo-
polis*, numéros d'août et septembre 1896.

1

leurs furent rassemblés, les ornières comblées, les pistes élargies, les gués vérifiés, les maisons lavées, les tentes dressées, des provisions de choix acheminées aux gîtes d'étapes ; et, un mois plus tard, une cinquantaine de Français, Membres de l'Institut, du Parlement, de l'Administration, de la Presse, pouvaient entreprendre une excursion qui les allait promener par toute la Régence.

Le voyage fut une merveille : tableaux infiniment variés, société exquise, chère délicate, confort inespéré et invraisemblable. Un officier qui, pour la première fois, appliquait des facultés supérieures aux choses de l'intendance, y était de prime saut passé maître. Rien n'avait été laissé au hasard et rien à la critique.

Successivement, on nous montrait Bizerte, escale rivale de Malte et de Gibraltar, port de guerre dont les batteries invisibles défient les plus formidables navires, lieu de refuge contre l'ennemi ou la tempête jusqu'à quinze kilomètres avant dans les terres, centre de pêcheries d'une inépuisable abondance, qui bientôt appelleront de florissantes industries ; la Kroumirie et ses forêts de chênes-liège, non pas forêts d'Afrique où les arbres rabougris et clairsemés se comptent par unités à l'hectare, mais véritables forêts de France, vertes, denses et drues ; les plaines à blé de Béja et du Kef, jadis

grenier de l'antique Numidie et de nouveau
verdoyantes et même luxuriantes sous la forte
charrue et le semoir perfectionné du colon
moderne; Kairouan la sainte, glorieuse de ses
mosquées aux mille colonnes, et qu'on sent frémir
encore d'un fanatisme mal apaisé; Sousse, endor-
mie au bord de l'indolente mer où elle baigne ses
murailles sarrasines et ses clairs oliviers, et toute
imprégnée de volupté par ces soirs de lune
où mystérieusement la vie se glisse sur les
blanches terrasses; Sfax, débordant son enceinte
vieille de mille ans et encore intacte, que son port
conquis sur la mer, ses centaines d'olivettes en
quinconces et l'ardent génie de ses habitants, fils
de vingt races diverses, poussent déjà au second,
sinon au premier rang des cités commerciales de
la Régence; Gabès, où la source qui se précipite
en cascades et le soleil qui s'épand en nappes de
flammes, font comme jaillir du sol tant de plantes
étonnées de se toucher dans l'étroite enceinte d'une
oasis : le palmier, les pieds dans l'eau et la tête
dans le feu, abritant l'olivier, le figuier et le noir
oranger, à l'ombre desquels grandit le blé ou
l'orge, se hausse la grasse luzerne ou rampe l'éclatant sulla ; enfin Toujane et la curieuse tribu des
Mat-Mattas, nobles descendants des Berbères
indomptés, qui, depuis des siècles, ont demandé

aux demeures souterraines ou aux cimes aiguës
des rochers un abri contre les envahisseurs, et,
avec des allures de héros et dans des décors d'é-
popée, mènent une vie faite des plus humbles
travaux et des besognes les plus paisibles.

Tout le long de la route, nous trouvions devant
nous les masses profondes des goums. Ils nous
attendaient à l'entrée de leur territoire et nous
reconduisaient jusqu'à la limite du territoire
voisin. Dans ce pays conquis depuis dix ans à
peine, ils étaient notre unique escorte. Pas un
soldat français ; pas un gendarme. Des coffres
séculaires, ils avaient tiré les oripeaux éclatants et
les nobles caparaçons hérités des ancêtres. Un
orgueil contenu, une folie de plaisir brillaient dans
leurs yeux ; dans ces fêtes, images de la guerre,
leur courage, leur témérité éblouiraient les roumis.
Fiers et impassibles sous leurs costumes aux
formes immuables et tels qu'en ont vu les cheva-
liers des Croisades, fermes sur leurs chevaux,
comme eux grisés et vibrants, ils descendaient,
en groupes pressés, à un galop fou, des pentes
vertigineuses ou s'espaçaient dans la plaine en de
fougueuses fantasias patiemment étudiées. Leurs
diffas rappelaient les festins de Pantagruel : mou-
tons et sangliers entiers rôtis sur des branches
d'arbres, en guise de broches, chameaux de lait

bouillis, gazelles grillées, innombrables gâteaux,
fritures, sauces, crèmes ; le défilé était intermi-
nable.

A notre approche, sur des plateaux hier déserts
et qui seraient de nouveau déserts demain, se
dressaient des tentes somptueuses aux mols et
lourds tapis ; au loin, jusqu'au sommet des monts,
parmi les vestiges des ruines, s'élevaient de gigan-
tesques feux de bois odorants ; dans des bassins
de cuivre, l'huile et le goudron mélangés lan-
çaient leurs flammes sans cesse avivées par des
serviteurs noircis et ruisselants, et au milieu d'un
peuple muet ou grondant d'admiration, ici un
cavalier enlevait en bonds démesurés l'étalon
nerveux et souple, là, des chanteuses maures,
grandies par les plis de leurs blanches tuniques,
chantaient, d'une voix rauque et passionnée,
l'angoisse des heures d'attente, la terreur des
amours découvertes et la tristesse des amours
déçues, tandis que dans le ciel d'un bleu
sombre s'allumaient les étoiles plus lumineuses
à mesure que décroissait sur terre la lueur des
foyers.

Dans cette revue rapide et éblouissante de civilisations disparues ou qui déjà renaissent, à travers
ces décors romantiques ou ces paysages campa-
gnards, partout nous avions pour guides et cice-

roni les hommes les plus compétents. Parmi les vestiges des âges précédents, devant les temples ruinés ou les théâtres exhumés, au fond des tombeaux entr'ouverts, c'étaient les plus célèbres auteurs qui aient écrit sur l'Afrique romaine ou l'ancienne Tunisie; dans les immenses plaines de céréales, au milieu des prairies jaunissantes et des troupeaux qui paissent au bord des sources, en face des colons déjà satisfaits ou encore impatients, c'étaient les agronomes les plus fameux; sur les rivages de la mer, près des ports qui se creusent et s'arrondissent et des quais qui s'exhaussent, le long des voies ferrées, qui jettent sur la Régence comme un filet aux larges mailles, des ingénieurs d'une expérience achevée, d'une sagacité toujours en quête; enfin, au milieu des tribus, pour traduire leurs discours et expliquer leurs actes, des arabisants, à qui rien du passé ou du présent de l'Islam, de sa vie, de ses pensées, de ses préjugés, n'est inconnu; tous, d'ailleurs, passionnés pour cette Tunisie honnête et laborieuse, tous acharnés au bien commun comme d'autres le sont à leur bien propre; et, à côté ou plutôt au-dessus d'eux, confirmant ou redressant leurs dires, élargissant leurs vues, suggérant des explications nouvelles, alerte et jeune, intrépide et infatigable, savant comme un homme d'étude, ardent comme un homme d'action et faisant entrer la philosophie dans la politique, vivant, gai, spirituel, moqueur, batailleur et tendre, plein d'entrain et rempli de dignité, le Ministre résident de France, qui a charge des destinées de la Tunisie, qui sait la responsabilité d'un tel fardeau, mais qui le porte vaillamment et, si le Ciel lui prête vie, le déposera moins lourd sur l'épaule de ses successeurs.

C'est autour de lui que le soir, à l'étape, après quinze heures de voiture, de cheval ou de mulet, quand les logements avaient été reconnus et l'identité constatée des valises, des lits et des objets de toilette, qu'un dîner solide et cordial nous réunissait, fourbus et ravis. Lui, abondant en paroles aimables et en procédés délicats, avait un mot affectueux pour tous, une attention pour chacun, résumait la journée, signalait les points notables, provoquait les questions, répondait aux critiques. Puis au moment où tant de science et de verve menaçait de tourner à la conférence, il faisait un signe et le champagne lançait sa note gaie et son pétillement spirituel. A moitié riants, à moitié attendris, nous buvions avec lui à la France et à la Tunisie et, quand nous lui disions notre reconnaissance pour cette franchise dans l'accueil et cette ingéniosité dans l'hospitalité, c'était lui

qui nous remerciait d'être venus, d'avoir compris,
admiré et espéré avec lui.

Aujourd'hui, à quelques semaines déjà de ces
émotions délicieuses, alors que l'enchantement
est dissipé et que je puis plus sûrement discerner
la Tunisie réelle de cette Tunisie où un peu de
rêve se mêlait à la vie, je voudrais en toute sin-
cérité dire ce qu'est cette belle possession et ce
qu'elle réserve à la colonisation française.

CHAPITRE PREMIER

La politique de protectorat.

§ 1. — LES ORIGINES.

Pour paradoxal que cela puisse sembler, les premiers administrateurs de la Tunisie ne l'ont pas tout d'abord considérée comme un champ ouvert, — ou du moins ouvert largement — à la colonisation.

Coloniser un pays salubre et fertile (comme est la Tunisie), c'est y amener et y fixer une population qui occupe la terre et croisse chaque année en nombre parce qu'elle grandit en richesse. C'est la conception des Anglais en Australie et au Cap ; ç'a été la nôtre jadis au Canada et récemment en Algérie. Elle ne peut se réaliser que quand la métropole a un excédent de population qui émigre aux colonies. Or la France a une population à tout le moins stationnaire, un contingent d'émigration peu considérable (encore que les statistiques officielles le diminuent comme à plaisir) et des émigrants qui, pendant longtemps, ont préféré l'étranger à nos colonies. Aujourd'hui, pour des raisons d'ordre social trop longues à exposer, nos domaines d'outre-mer peuvent espérer de recruter et recrutent déjà des colons dans les meilleures classes de la population et notamment dans la bourgeoisie ; mais il y a quinze ans, elles l'eussent tenté en vain. Aussi personne, à ce moment, ne crut à la possibilité immédiate de peupler la Tunisie d'immigrants français, c'est-à-dire de la coloniser. Bien mieux, peut-être n'estima-t-on point que coloniser fût la tâche la plus urgente.

Et en effet, pour quiconque avait une vue un peu large des choses, il était évident que ce qu'il y avait d'heureux dans l'occupation de la Tunisie c'était moins le territoire conquis que le succès politique remporté. Au moment précis où nous l'acquérions, l'ancien équilibre de la Méditerranée se rompait décidément à notre préjudice : l'Italie unifiée obéissait à des influences ou déjà s'engageait dans des alliances inquiétantes ; l'Angleterre venait d'obtenir Chypre ; l'Égypte nous échappait et l'on sentait sur plusieurs points de l'Empire Ottoman des intrigues au profit de nos rivaux. Dans de telles circonstances, la politique coloniale passait après la politique générale. Que la Tunisie dût être un

jour un des fleurons de notre couronne coloniale,
nul doute; mais, vers 1881, elle était surtout un
gros atout dans le jeu des Affaires Étrangères. Elle
restaurait le prestige français dans le bassin
de la Méditerranée; elle consolidait et complétait
l'Algérie; elle en faisait une masse homogène et
difficilement vulnérable, et nous permettait de
déclarer sans rodomontade que désormais on ne
disposerait qu'avec notre aveu de la Tripolitaine
et du Maroc. En envisageant les choses de ce point
de vue, la première préoccupation, après avoir
pris la Tunisie, était non pas tant de la peupler
et de la coloniser que de la tenir et, la tenant, de la
savoir garder moins des attaques du dehors que
des intrigues du dedans. Voilà pourquoi les premiers résidents généraux en Tunisie eurent raison
au début de songer à se concilier les indigènes
avant de songer à appeler les colons, et d'instituer
une politique indigène et islamique plutôt qu'une
politique française et de colonisation.

Au surplus, en mettant provisoirement la colonisation au second plan, ces hommes distingués
n'entendaient pas l'y laisser longtemps. Ils étaient
trop avisés pour se confiner, en terre française, dans une diplomatie dont la France aurait
peine à saisir la portée, et trop prévoyants pour
se contenter de parer aux difficultés de l'heure

présente. Par-delà les nécessités urgentes de la
politique européenne ils pressentaient les reven-
dications prochaines de la politique coloniale. Ils
lièrent donc les deux causes, ils les mêlèrent, ils
les appuyèrent l'une sur l'autre. Et tout en pour-
suivant leur dessein de faire une Tunisie indigène
apaisée et satisfaite, ils préparèrent les voies à
une Tunisie française vivante et prospère. Et ce
fut l'origine de la féconde politique du protectorat.

Le protectorat implique, en effet, une alliance,
mieux que cela, une véritable solidarité entre le
protecteur et le protégé ; entre l'indigène soumis
et le colon, représentant du vainqueur. Il proscrit
l'idée d'oppression, d'exploitation, même d'assi-
milation ; il ne comprend, il ne tolère au début
que la juxtaposition et la pénétration naturelle des
civilisations respectives, que la lente fusion des
intérêts. Il fait, il ne peut réussir que s'il fait
équitablement et libéralement la part de chacun
des groupes en présence. Sans doute, même un
protectorat équitable ne peut faire oublier à l'indigène son indépendance, mais il doit l'amener
peu à peu à sentir et à reconnaître que la venue
de l'Européen ne lui a rien fait perdre et même
lui a procuré certains avantages inconnus : outre
ses biens respectés et ses lois maintenues, l'argent
plus abondant, les transactions plus sûres, les

communications plus rapides, l'enrichissement
plus facile. Et quant à l'Européen, le protectorat
aurait manqué son but et trahi ses promesses, s'il
lui laissait regretter l'annexion avec la liberté d'allures qu'elle comporte. Comme à l'indigène, le
protectorat doit lui avoir apporté d'amples satis-
factions : la terre abondante, la main-d'œuvre à
bon compte, le pays convenablement outillé,
enfin un régime économique avantageux. Et c'est
bien là ce que le protectorat Tunisien a su procu-
rer aux indigènes comme aux colons. C'est lui qui
a rendu possibles et même faciles l'entente et la
coopération du vainqueur et du vaincu. Disons
d'abord ce qui a assuré l'entente ; nous verrons
plus tard ce qui a préparé la coopération.

§ 2. — La forme extérieure; les agents.

Deux idées dominent la politique de protectorat :
ne pas troubler l'Arabe dans ses habitudes et ses
prédilections et toutefois amorcer et réaliser, avec
le temps, certaines réformes, faute desquelles le
colon ne se déciderait pas à franchir la Méditerranée. Ces idées fondamentales, nous allons les
retrouver tout le long du chemin, quelque domaine
que nous explorions.

Et tout d'abord dans la forme extérieure du gouvernement. On se garda bien d'y toucher. Il n'y a que la jeunesse enthousiaste pour attribuer des vertus à une forme de gouvernement indépendamment des hommes qui gouvernent. On laissa le Bey à la tête de la Régence et l'on se contenta de placer près de lui un Ministre résident (qualifié plus tard Résident général) avec mission de le conseiller. Quelques années après, la France ayant garanti la dette tunisienne, le droit de conseil s'accentua, et notre influence dans toutes les branches de l'administration devint plus marquée. Mais notre influence, non pas notre action. Ce fut toujours le Bey qui signa et ses Ministres et leurs agents qui firent exécuter les lois ; mais tandis qu'auprès du Bey il y avait le Ministre résident, drès de ses Ministres il y avait le Secrétaire général et, près de ses Caïds, les contrôleurs. Le mécanisme extérieur restait le même ; l'impulsion devenait différente.

Nos contrôleurs se cantonnent rigoureusement dans leur rôle. En tant qu'il s'agit des indigènes, ils ne font pas d'administration, ils ne lèvent pas l'impôt ; ils ne sont pas agents d'exécution, ils contrôlent. La correspondance des Caïds passe sous leurs yeux et les comptes sont soumis à leur vérification. Remplis de zèle et d'ardeur, toujours en mouvement, ils visitent sans relâche leur district, prévenant ou redressant les abus. Une connaissance largement suffisante de l'arabe les met à la portée du dernier des indigènes et à l'abri des erreurs voulues des interprètes. Ils nous en ont, au cours de cette tournée, donné vingt preuves. Avec de pareils agents, le protectorat, qui est une garantie pour le protégé, ne saurait être une duperie pour le protecteur.

§ 3. — La législation.

Le protectorat, au surplus, n'est qu'un titre sur la couverture d'un livre. Qu'y a-t-il dans ce livre? Ouvrons-le et lisons le premier chapitre, le plus important, celui qui traite de la législation.

A peine installés à Tunis, on s'aperçut que la législation de la Régence avait besoin d'être transformée et élargie. Un grand ministre, Khérédine, avait bien tenté de l'approprier à des besoins nouveaux, mais son œuvre, à peine achevée à l'heure de sa mort, ne lui avait pas survécu, et le protectorat s'aperçut que tout était à faire. Comment allait-on s'y prendre?

En Europe, nul embarras. Le conquérant eût étudié le pays, consulté les habitants, promulgué des lois adaptées à leurs besoins et rencontré leur approbation unanime. En pays musulman, pareille procédure n'eût donné aucun résultat. Ce n'est pas, comme on pourrait le croire, parce que les musulmans sont insensibles au progrès; ils le sentent au contraire, et l'apprécient. Ce n'est pas davantage parce que même le bien qui leur viendrait de l'infidèle leur serait nécessairement suspect : au moins en Tunisie, cette défiance du chrétien est bien affaiblie; quand, à l'époque du Tauzimat, on voulut importer divers organismes du gouvernement constitutionnel, le cheik-ul-islam consulté rendit cette réponse : « Donnez dans vos assemblées une place au chrétien, le prophète avait des infidèles parmi ses conseillers. » Non, l'obstacle était ailleurs : le monde musulman, s'il répugne, moins que nous ne croyons, à accepter des vérités nouvelles, ne les accepte que revêtues de certaines formes et appuyées sur certaines autorités, pour tout dire en un mot, qu'islamisées.

Savvas-Pacha, qui est un jurisconsulte doublé d'un homme d'État, a très nettement formulé cette double exigence.

Ce que nous appelons vérité est, pour le musulman, une conception une et indivisible. Il n'y introduit aucune distinction; il ne qualifie pas la vérité; il ne dit pas : vérité scientifique, vérité

philosophique, etc... Toute vérité, venant de Dieu,
est vérité religieuse et ne peut avoir ce caractère
de vérité que si la religion la proclame et la sanc-
tionne. Pour qu'un musulman reconnût d'autres
vérités que celles qu'accepte sa religion, il
faudrait qu'il eût abjuré. Or l'abjuration, qui im-
pliquerait renonciation définitive à sa foi et adhésion
à une foi nouvelle, est inconnue du musulman :
quand il a abjuré, il est censé ne l'avoir fait que
sous une contrainte morale invincible qui ne lie
pas sa conscience et ne le retranche pas du nombre
des fidèles. Cela étant, le musulman ne pouvant
admettre d'autre vérité que celle qu'enseigne la
religion, une vérité quelconque : loi, règlement,
prescription, etc., devra, pour avoir autorité sur
sa conscience, prendre l'apparence d'une vérité
religieuse, « s'appuyer sur une des assises sacrées
jetées par Dieu et son prophète », c'est-à-dire être
islamisée. Et, ajoute Savvas-Pacha, « rien n'est
plus facile, étant donné l'abondance des sources
de la loi musulmane, que d'islamiser toutes les
vérités, de les asseoir sur des bases absolument
orthodoxes et de les rendre, par conséquent, non
seulement acceptables, mais obligatoires pour la
conscience mahométane ».

Ce sont ces idées ou des idées bien voisines de
celles-là qui ont inspiré la législation en Tunisie

depuis 1881. En tête de sa *Législation de Tuni-sie*, M. Bompard, collaborateur du premier Rési-dent général, M. Cambon, l'indique dans un paragraphe décisif : « L'administration française, » dit-il, « s'est appliquée à légiférer aussi peu que possible ; chaque fois qu'il s'est rencontré dans l'arsenal de la législation tunisienne quelque loi, tombée en désuétude par suite de l'incurie ou de la faiblesse des administrations antérieures, et qui répondait à peu près aux besoins auxquels il s'agissait de pourvoir, le protectorat a préféré la reprendre pour son compte et la remettre en vigueur plutôt que d'en édicter une autre, même plus parfaite. Il y trouvait l'avantage d'appuyer ses prescriptions sur l'autorité de la tradition. »

Cette prudence respectueuse du passé, même de ses préjugés, on en usait également dans l'administration de la justice. On a laissé les musulmans à leurs juges naturels, et, lorsqu'en matière pénale on a cru devoir étendre à des indigènes la compétence des tribunaux français, on a corrigé cette extension de diverses façons, par exemple en associant des jurés indigènes à l'administration de la justice criminelle.

§ 4. — LA RELIGION, L'ENSEIGNEMENT.

Si l'on a eu de tels scrupules dans le domaine des lois et de la justice, on peut imaginer qu'on n'en a pas eu de moindres dans le domaine de la religion.

C'est, depuis longtemps, dans l'Afrique française une règle de gouvernement de ne pas peser sur les consciences musulmanes; ce serait sans profit et plein de danger. Leur religion est, après tout, parmi les plus élevées qu'ait connues l'humanité et leur foi semble inébranlable : tout prosélytisme, même discret, ne pourrait que les animer contre nous. L'Algérie a eu des gouverneurs de la piété la plus haute : aucun n'a autorisé la prédication des indigènes.

Ce n'est pas à dire que la religion ne puisse, en aucune manière, concourir au succès de notre politique arabe. Entre l'abstention systématique et une imprudente intervention, il y a telle conduite naturelle et légitime qui pourrait provoquer la sympathie des indigènes. Les Arabes ne conçoivent pas un peuple ou un homme sans religion; ils n'estiment rien par-delà un grand courage, si ce n'est une grande piété, et encore aujourd'hui choisissent — les ambitieux le savent bien — leurs

chefs parmi les saints de l'Islam. On demandait
un jour à un caïd qui de nos généraux a laissé
parmi eux les meilleurs souvenirs? et l'on atten-
dait qu'il nommât le général Margueritte ou le général Chanzy. « C'est, » répondit-il, « le général
de Sonis : il était brave comme nous et, comme
nous, un homme craignant Dieu. » Cette réponse
paraît avoir la valeur d'une indication. Au lieu
de nous réfugier dans l'indifférence religieuse,
peut-être devrions-nous nous avancer jusqu'à la
sympathie, et non pas seulement tolérer, mais encourager la religion des Arabes et, en même temps,
pratiquer magnifiquement la nôtre.

Construire, dans le pays, non pas de ces cha-
pelles mesquines et ridicules, mais des temples
grandioses comme les leurs ; entretenir un clergé
d'élite, largement payé et honoré ; déployer, suivant les rites catholiques, la pompe extérieure de
nos fêtes ; associer la gloire de notre armée à la
splendeur de ces manifestations et faire pénétrer
chez les indigènes, que remuent et séduisent de
pareilles solennités, l'impression d'un peuple qui
sait que toute grandeur vient de Dieu et élève ses
ambitions bien par-delà les choses de la terre :
voilà une conduite qui vraisemblablement con-
querrait l'estime et le respect des indigènes. Mal-
heureusement, dans le temps où nous vivons,

cette conduite logique et digne risquerait de n'être qu'une attitude et, si incontestables que soient la valeur et l'efficacité sociales de l'hypocrisie, je ne m'aventurerais point à la recommander à mon pays.

Il en est autrement de l'autre partie du programme que je formulais plus haut : les encouragements donnés à la religion musulmane, les faveurs accordées à ses prêtres, ne coûteraient rien à notre conscience et grandiraient notre prestige. Cette politique mériterait d'attirer — bien mieux, a attiré déjà — l'attention de l'administrateur éminent qui dirige le protectorat de la Tunisie.

La religion dans le monde musulman n'est pas, nous le savons, une institution distincte et séparée des institutions du siècle. Les choses du ciel et celles de la terre se confondent ; le prêtre est en même temps docteur et jurisconsulte ; le temple est école et faculté, et la politique et l'administration sont si étroitement mêlées à la religion que ce qui atteint l'une a son contre-coup sur les autres. Nos hommes d'État ne l'ignorent pas ; il y a cinquante ans, le maréchal Bugeaud en tirait déjà parti pour hâter la pacification de l'Algérie, et Savvas-Pacha nous a dit comment on pouvait islamiser les vérités occidentales et fonder sur elles un droit qui fût obligatoire pour la conscience indigène.

Or, le droit, chez le musulman, tient la place de la philosophie chez les Grecs ; comme elle, il est l'aboutissant, la résultante, la synthèse de toutes les sciences. On ne peut l'étudier utilement qu'après les autres : théodicée, médecine, mathématiques, etc., en sorte que, fonder et élargir l'enseignement du droit, c'est en même temps restaurer et vivifier l'enseignement des autres sciences. Tel est précisément le but qu'on se propose à Tunis. On institue dans la grande Mosquée, un haut enseignement islamique, où l'instruction terre à terre d'aujourd'hui sera relevée et ennoblie par l'exposé et la discussion de théories et où les progrès de la science occidentale pénétreront dans les intelligences et les consciences non pas à l'ombre, mais sous le patronage proclamé de la religion du Prophète. Quand ce plan si ingénieux aura été intégralement appliqué et — il faut l'espérer — imité dans le reste de notre empire musulman, alors les deux cents millions de musulmans des trois continents tourneront leurs yeux vers la France civilisatrice et, comme jadis sur l'Europe, la pensée française rayonnera sur le monde de l'Islam.

Voilà ce qu'on peut attendre de l'enseignement supérieur islamique.

L'enseignement primaire a de moindres ambitions, mais part d'une conception semblable : ne pas faire sortir l'indigène de sa civilisation ; mais, en l'y laissant, lui fournir plus de causes de satisfaction et plus d'instruments de fortune et, en même temps, l'incliner lentement à partager certaines de nos idées, le préparer à entrer en rapports faciles et, à cause de cela, profitables avec les colons. Guidé par ces idées directrices, on se garde bien de n'enseigner aux Arabes que le français : on leur enseigne d'abord l'arabe avec des maîtres arabes et, du français, on leur apprend l'essentiel, ce qu'il faut pour parler. J'ai assisté à ces leçons ; elles sont curieuses et emploient une méthode qui vaut la peine d'être décrite.

Le maître se tient debout devant une grande image qui représente, par exemple, un cheval tirant une voiture :

Le maître. — Kassem, viens devant l'image.

Kassem. — Oui, Monsieur, je viens devant l'image.

Tous les élèves. — Kassem vient devant l'image.

Le maître. — Qu'est-ce que je montre sur l'image ?

Kassem. — Tu montres sur l'image un cheval.

Tous. — Kassem montre sur l'image un cheval.

Le maître. — Comment « cheval » se dit-il en arabe ?

Kassem, puis tous. — Cheval se dit en arabe *haçan.*

Le maître. — Que fait le cheval?

Kassem, puis tous. — Le cheval tire la voiture.

Le maître. — Comment appelles-tu cette chose ronde (montrant une roue)?

Kassem. — J'appelle cette chose ronde une... (il hésite).

Le maître. — Sais-tu le mot en arabe?

Kassem, puis tous. — Cette chose ronde s'appelle en arabe *adjala.*

Le maître. — Comment *adjala* se dit-il en français? (Kassem se tait.)

Le maître. — Qui sait comment *adjala* se dit en français?

Un élève, puis tous. — *Adjala* se dit en français : roue.

Inutile de prolonger ces exemples; la méthode est simple : elle consiste à utiliser constamment le vocabulaire connu, à l'élargir sans cesse, en passant du terme arabe au terme français correspondant et à associer tous les élèves à l'interrogation de chacun.

Cette méthode, due à M. l'inspecteur général Machuel, a donné des résultats admirables. Le français ainsi compris devient un métier, un gagne-pain. Je disais que c'est de l'enseignement primaire, c'est de l'enseignement professionnel, au même titre que la menuiserie, la reliure, etc... qu'on enseigne également dans certaines de ces écoles.

Il existe encore en Tunisie un embryon d'enseignement secondaire. Mais dans cette voie on s'est montré d'une extrême prudence : trop d'obstacles nous y attendent. D'abord nous n'avons jusqu'ici ni les méthodes, ni même les ouvrages qu'il faudrait et, quand nous enseignons, par exemple, l'histoire des Croisades, nous risquons d'inquiéter l'esprit de l'enfant par des mots comme ce mot « Infidèles » que nous appliquons aux sectateurs de Mahomet, tandis qu'eux le réservent aux disciples du Christ. Ensuite, nous courons la chance de préparer dans nos lycées surtout des déclassés. Le général Faidherbe a raconté que sur les bords du Sénégal, loin dans l'intérieur des terres, il avait rencontré, crevant de faim, chassé de sa tribu, rongé de plaies et de vices, méprisé et méprisable, un noir, ancien prix de mathématiques du Lycée Saint-Louis. Le même enseignement en Tunisie produirait les mêmes effets. Cet Arabe, élevé et instruit avec nos enfants et comme eux, et chez qui nous aurions tâché de développer les mêmes aspirations, qu'en ferions-nous ? Serions-nous prêts à lui ouvrir les portes de l'administration, à lui faciliter l'accès des hauts emplois? Serions-nous disposés à le marier à nos filles? La question, avant que nous multipliions les expériences, vaut d'être posée et résolue. Car, si cet indigène se voyait refuser ces chances d'avenir, quelles autres pourrait-il bien avoir? Sans illusion sur les vices et les défauts de la société d'où nous l'aurions tiré, il redouterait ou dédaignerait d'y rentrer, tandis qu'elle se défierait de lui et le repousserait. Tout ce qu'on pourrait alors souhaiter, c'est que nos méthodes n'eussent pas eu prise sur son esprit, que notre enseignement ne l'eût pas pénétré et qu'en le quittant, il lui fût possible de reprendre sa place dans son monde, tel ou à peu près qu'il en était sorti. C'est d'ailleurs ce qui se produit à l'ordinaire. Et cet échec qui nous humilie et qui est un bienfait pour l'indigène, est l'ouvrage des mères repris et consolidé par les femmes.

§ 5. — LA FEMME; LA FAMILLE.

Il semble que nous ayons et entretenions sur la femme arabe des idées peu exactes. Arrêtée par un mariage absurdement précoce dans son développement physique, instrument de travail pour le pauvre, instrument de plaisir pour le riche, broyée par l'omnipotence du père d'abord et, plus tard, du mari, sans idées ni volonté, dépourvue d'influence dans la famille, privée d'action dans la société, elle serait un malheureux être, bien voisin de l'animal, et ne mériterait de nous aucune attention, parce qu'elle ne pourrait nous être d'aucun secours. Or, il n'est pas assuré que cette description corresponde exactement à la réalité. Ceux qui ont vécu en Afrique se sont bien aperçus que la femme arabe joue un rôle autrement important. Comme épouse, elle s'insinue et elle conseille, et, comme mère, elle recommande et elle ordonne, et le conquérant aurait tort de négliger son concours.

Les filles de l'aristocratie, notamment, trouvent dans leur fortune un puissant moyen d'influence. Pour celles-là, plus d'esclavage, plus de soumission : leur douaire présent et l'héritage entrevu les soustraient au despotisme marital, et l'on en a même vu, comme à Rome, flanquées par le père d'une sorte de *servus dotalis*, que le mari est obligé de ménager parce que c'est lui qui tient les cordons de la bourse. Bien mieux, nos plus déterminées Parisiennes, qui estiment la vie de province un exil, trouveraient dans certains contrats de mariage arabe des clauses à imiter :

les jeunes Tunisiennes, qui font partie des *four hundred*, stipulent volontiers que, si leur mari est nommé à des fonctions l'obligeant à quitter la capitale, elles seront libres de ne pas le suivre. Que devient ici la théorie de « l'instrument de plaisir »?

Mais cela va même plus loin : elles font presque échec à la polygamie. A ce propos, on m'a conté une histoire authentique que je ne résiste pas au plaisir de conter à mon tour.

Un jeune homme de condition avait, en épousant une jeune fille de grande famille et riche, accepté cette clause que sa femme restât à Tunis si lui devait jamais s'en éloigner. Il était employé au Ministère de la Plume et comptait bien par son mérite avancer sur place. Ils vécurent unis et heureux comme les princes des contes, mais, comme ces princes aussi, voyant, au bout de quelques années, qu'il ne leur venait point d'enfants, ils en ressentirent beaucoup de tristesse. Un jour, le mari, rentrant à la maison, raconte qu'il est nommé Caïd dans une ville du Sud et qu'il lui faudra quitter Tunis. Sa femme lui dit : « — Que deviendrai-je? Voilà que ta seigneurie s'en va et me laisse sans enfants. » Il partit sans répondre rien; et, au fait, qu'eût-il pu répondre? Au bout de quelques mois, il revint et sa femme lui dit: — « Vas-tu donc maintenant vivre toujours près de

moi? » Mais il répondit qu'il devait repartir bientôt et, le jour venu, sa femme, lui baisant la main,
dit encore : « — Si seulement tu me laissais un
fils de toi. » Doucement, il lui dit : « — Abraham
n'eut point de fils de Sara et cependant il a revécu
dans Isaac. » A ces mots, elle releva la tête, impé-
rieuse et frémissante ; mais bientôt, songeant aux
longs jours de solitude et à la vieillesse qui s'achè-
verait dans la maison déserte, elle éteignit son
refus et murmura dans un souffle : « — Que du
moins je ne le sache jamais. » Rentré dans sa
ville, le mari se ressouvint de cette tacite permis-
sion que sa femme lui avait donnée et, dans son
désir d'avoir un héritier de son sang, se mit sans
tarder en quête d'une nouvelle épouse. Un an
après, sa seconde femme donnait le jour à une
fille, mais, touchée par l'aile de l'ange Azrael, elle
rendait son âme à Dieu. Le pauvre homme en eut
un vif chagrin, mais enfin il était devenu père
et, tout en pleurant sa femme, il souriait à son
enfant. Qu'allait-il faire de ce nouveau-né sans
mère ? Il envoya quérir une matrone et acheter
du lait d'ânesse ; puis, prenant sa résolution, il fit
seller deux chevaux, mit sur l'un la nourrice et
la provision de lait, et sur l'autre se plaça avec
l'enfant, mollement serré dans un pli relevé de
son burnous. D'une traite, il court à Tunis, se

hâte à la maison, appelle sa femme et, l'arrêtant d'un geste : « — Devine ce que j'apporte ? » lui crie-t-il. Elle lève les yeux vers le ciel : « — Est-ce le bonheur ? » dit-elle en tremblant. « — C'est toi qui vas me le dire. » Il pose sur le tapis son précieux fardeau, dénoue les plis d'une main impatiente et à sa femme agenouillée près de lui laisse voir l'enfant endormi. Elle eut un éclair dans les yeux, un reproche et une menace; puis, elle se prit à considérer le doux petit être, et, le soulevant de ses bras tendus : « — Ah! Trésor, » cria-t-elle. Ravi, le père déjà lui passait l'outre de lait ; mais elle, saisie de je ne sais quel transport, fait tomber ses voiles, découvre sa poitrine et y portant l'enfant : « — Bois, » dit-elle. De son sein non fécondé le lait se mit à ruisseler jus-qu'aux lèvres avides et elle connut ainsi que le ciel lui « donnait » un fils.

De ce récit, retirez la poésie et le romanesque, il reste la démonstration que de pareilles femmes ne sauraient sans invraisemblance être dépourvues d'influence dans la famille. Le mari, les enfants surtout, subissent son action. Et quand le père, par ambition et pour donner des gages au « bey-lik », consent que son fils fréquente nos écoles et nos lycées, la mère, inquiète de cette éducation qu'on n'ose lui peindre telle qu'elle est mais qu'elle devine, défait, au temps des vacances, en quelques semaines de tendresse passionnée, ce que des maîtres indifférents avaient en plusieurs mois à peine édifié. Et tout est à refaire. Plus tard, le jeune garçon rentre dans la famille et dans la tribu ; le monde arabe le ressaisit ; il se marie et sa femme, formée à des idées séculaires, achève d'arracher les quelques idées d'Occident que l'éducation avait pu déposer en lui ; ainsi, ce que les hommes avaient ébauché, les femmes l'ont détruit radicalement.

Ceux donc qui connaissent la société arabe estiment que nous ne saurions dédaigner, que même nous devrions rechercher la coopération de ces femmes. Avant tout, il faudrait pouvoir les approcher et les entretenir, les initier et les séduire à nos idées. Par malheur, la vie arabe nous les cache : nos hommes, colons, officiers, contrôleurs, ne la voient jamais ; les médecins l'entrevoient à peine ; nos femmes ne la visitent que pour babiller. Si nous ambitionnons de façonner sa pensée, cherchons d'abord un intermédiaire non suspect. L'un des plus efficaces serait quelque nouvel Ordre de femmes, qui s'interdirait rigoureusement la propagande religieuse et se consacrerait à soigner les femmes et les enfants. Quelque défiance qui le pût d'abord accueillir, il aurait, au bout d'une vingtaine d'années, conquis une influence immense et, sans davantage toucher aux choses religieuses, pourrait alors en toute liberté soigner, outre les corps, les intelligences et les cœurs.

Cela aussi a été compris à Tunis. La femme si distinguée qui a associé sa vie à celle du Résident général, a fait comme lady Dufferin aux Indes : elle a créé une œuvre d'assistance et de propagande médicales qui sera, dans quelques années, en mesure d'aborder la tâche que nous venons d'esquisser.

Après tant de prudence et de bonne volonté montrées par le protectorat, la réconciliation des indigènes avec la domination française sur le terrain des intérêts moraux est aujourd'hui chose accomplie. Il nous reste à dire maintenant comment ont été préparées et réalisées l'entente et la coopération des indigènes et des colons sur le terrain des intérêts matériels, et le profit qu'en a tiré la colonisation.

CHAPITRE II

La Colonisation.

Dès le moment où la Tunisie fut terre française, on vit aussitôt des colons accourir. Faut-il dire des colons? Non. C'étaient plutôt des capitalistes ou, plus exactement encore, c'étaient à la fois de bons Français et des Français avisés qui, rompant avec les hésitations de la bourgeoisie, voulaient, en engageant leurs fonds en Tunisie, tout ensemble attester leur foi dans la politique d'expansion et réserver à des Français les bénéfices qu'elle pourrait donner. Ils arrivèrent donc à la première heure, au nombre d'environ une centaine, acquirent d'importants domaines (en 1892, 116 possédaient 417 000 hectares) et consacrèrent à diverses entreprises une somme qu'on peut évaluer à une cinquantaine de millions. Mais une hirondelle n'est pas le printemps; une centaine de colons, même riches, même aventureux, même patients, ce n'est pas encore la colonisa-

3

tion. La Tunisie peut recevoir des centaines de milliers de colons. Comment les attirer? C'est ce que les administrateurs remarquables que cette possession a eu la chance de voir successivement à sa tête se préoccupèrent de chercher. Et voici ce qu'ils ont trouvé.

§ 1. — LE RÉGIME DES TERRES.

La première question à régler était celle des terres. Le colon a besoin de terres ; il les veut garanties contre toute éviction et toute chicane ; il les veut de la meilleure qualité et au plus près des voies de communication ; surtout il en veut de grandes étendues, le petit domaine de France n'étant pas ce qu'il est venu chercher si loin de sa patrie. Or, la Tunisie est peuplée : une partie de ses habitants (qui vit d'agriculture) est attachée au sol, une autre (qui vit d'industrie pastorale) réclame de vastes parcours pour paître ses troupeaux. Comment concilier les droits des anciens habitants et les prétentions des nouveaux venus ?

C'est dans de pareilles circonstances que se manifeste l'efficacité de l'instrument qu'est le protectorat. En prohibant de certains procédés il force à en imaginer de certains autres. En Algérie, dans des conditions d'ailleurs différentes et qui peuvent être une excuse, on avait saisi le domaine de l'État, confisqué les biens des congrégations et introduit, sans modifications, ce régime hypothécaire dont, vers le même temps (1845), les cours d'appel en France dénonçaient l'insuffisance ou les complications. C'étaient là des fautes, du point de vue économique et politique, énormes. En Tunisie, instruit par l'expérience, on s'interdit tout procédé non seulement qui violerait le droit, mais même qui indisposerait les indigènes, et toute législation nouvelle ou importée de France qui risquerait de gêner les colons.

La propriété privée (qui comprend la propriété indivise entre héritiers d'un même auteur) est la règle; la propriété collective est l'exception. Ce n'est donc pas principalement avec les tribus (comme cela a pu se présenter ailleurs) que les colons désireux d'acquérir des terres auront à traiter ; c'est avec les particuliers, les congrégations ou l'État. Sous l'empire de la législation musulmane, le colon, quel que fût son vendeur, rencontrait fatalement un danger : le danger d'éviction résultant de la complication et de l'obscurité de la loi et de l'absence de publicité. Pour y remédier, le premier résident général, M. Cambon, imagina d'introduire dans la Régence le régime de l'immatriculation foncière, imité du célèbre Torrens Act. Il est superflu de décrire un système si connu. Bornons-nous à dire qu'il procurait aux acheteurs de sérieux avantages : sécurité des transactions et même crédit éventuel, le titre afférant à chaque domaine immatriculé étant négociable à peu près dans les mêmes formes que les actions nominatives.

C'était là une grande nouveauté ; aussi, avec sa prudence habituelle et pour obéir à l'esprit du protectorat, M. Cambon se garda de l'imposer brutalement : l'immatriculation n'intervenait qu'à l'occasion des transferts de propriété et, même dans ce cas, restait facultative. En fait cependant, elle tendait à devenir obligatoire : car, bien évidemment, un Européen, connaissant les garanties de cette législation, n'achèterait désormais que des domaines immatriculés. (En 1896, 630 000 hectares étaient immatriculés, valant 50 millions de francs.) Un peu plus tard, on introduisit une nouvelle exigence : on contraignit les congrégations à faire d'avance immatriculer les biens habous qu'elles destinent à être mis en *enzel*.

Les *Habous* sont des fondations pieuses au profit généralement des congrégations religieuses.

En voici l'origine la plus habituelle. A l'heure de la mort, un homme veut, dans un sentiment de piété ou de repentir, faire du bien aux pauvres, sans toutefois dépouiller ses proches : il lègue alors à ses héritiers l'usufruit de ses biens et à une congrégation charitable la propriété. Un jour, la mort de tous les usufruitiers éventuels amène ce qu'on appelle en droit la consolidation et fait passer à la congrégation la propriété pleine et entière et — voici le trait caractéristique — inaliénable. La congrégation, désormais, ne peut, sous aucun prétexte, vendre ce bien : elle le fait administrer dans des conditions trop longues à décrire, en touche les revenus et les applique à l'objet indiqué par le testateur. De pareilles fondations sont, avec le temps, devenues en Tunisie très nombreuses; des étendues considérables, qu'on a toutefois quelque peu exagérées, ont été ainsi mises hors du commerce. Aussi a-t-on cherché à les faire rentrer dans la circulation. On a imaginé un biais : d'abord la faculté d'échanger l'habous contre un autre immeuble, parcelle pour parcelle, et, plus tard, le contrat d'Enzel. L'*Enzel* est un contrat qui transfère au preneur le droit perpétuel de tirer parti du fond, sans le détruire, moyennant un loyer perpétuel, fixé une fois pour toutes par le procédé des enchères. Pendant long-

temps, les Arabes seuls prenaient part à ces enchères; le protectorat y a, par la suite, également
admis les colons. La justice d'une pareille solution a satisfait tout le monde : les Arabes, qui
ont constaté notre respect de leurs coutumes et
de leur religion; les colons, qui ont eu à leur disposition un moyen régulier et simple de se procu-
rer de grandes étendues de terres à bon compte
(bien que la concurrence des Arabes fasse parfois
monter les enchères assez haut); enfin le protectorat, qui y a gagné de poser à cette occasion,
même pour les terrains dont il est propriétaire,
le principe sain d'une redevance et d'écarter le fâ-
cheux usage des concessions gratuites.

§ 2. — LA MAIN-D'ŒUVRE.

Après la question de la terre, peut-être même
à côté d'elle, la plus importante était celle du
travail et de la main-d'œuvre. Ici, il ne s'agit plus
de lois ou de règlements à édicter, mais de rapports
habituels et satisfaisants à instituer entre colons
et indigènes; c'est affaire d'éducation, qui ne
saurait se trancher en quelques mois ni même en
quelques années, mais dont on peut entrevoir, dont
on entrevoit déjà la solution.

L'indigène tunisien n'a point gardé cette humeur
intraitable et cet abord farouche qu'on rencontre
dans certaines parties de l'Islam. Dans le bassin
de la Méditerranée, les musulmans vont, de l'ouest
à l'est, se civilisant et s'apprivoisant. L'Algérien
est moins intraitable que le Marocain, le Tunisien
moins que l'Algérien. De séculaires relations avec
le monde chrétien l'ont assoupli et façonné. Il a,
sans trop de répugnance, accepté telles de nos
institutions qu'on n'avait point osé faire passer en
Algérie, pourtant colonie française : ainsi la
conscription militaire et le tirage au sort. Pour
l'amener à en comprendre et en accepter d'autres,
par exemple, le travail régulier et discipliné, il
suffira peut-être d'introduire en Tunisie les garanties de notre société occidentale, qui, en assu-
rant à chacun la conservation de ce qu'il a, rendent
l'économie possible et avantageuse, et développent
le goût du travail.

La question est capitale. Le colon, comme il a
besoin de terres, a besoin de main-d'œuvre. Il ne
peut pas songer, il ne songe pas à se cantonner
sur l'espace qu'il pourrait cultiver lui-même : la
terre nourrit, mais n'enrichit pas l'homme qui la
travaille de ses mains. Or le colon est, par défi-
nition, un homme qui veut s'enrichir. C'est cette
ambition qui l'a décidé à quitter la France. Il a

donc un besoin primordial de main-d'œuvre : il va la demander aux indigènes.

L'indigène travaillerait volontiers : le travail c'est de l'argent, et l'argent c'est du pain, ou, pour ceux qui ont le pain assuré, des jouissances en réserve. Mais d'autres idées, des idées contradictoires, arrêtent ou retournent sa volonté. Il est fort éloigné de notre conception du travail habituel. Travailler un jour, travailler une semaine, pour gagner de quoi satisfaire à des besoins actuels et impérieux, voilà qui lui semble naturel ; mais s'astreindre tout le long de l'année à un travail quotidien et ininterrompu, travailler quand il ne lui manque rien, quand il voit encore des galettes d'orge dans la corbeille et de l'huile dans la cruche, il juge cela inutile et, à vrai dire, absurde. L'utilité, la légitimité du travail ne lui apparaîtra de nouveau que le jour où, le ventre vide, il trouvera vides aussi la cruche, la corbeille et la bourse. Cela est si vrai qu'après plusieurs années de protectorat, dans beaucoup d'endroits, les colons tunisiens, pour s'assurer une quantité régulière et constante de main-d'œuvre, sont obligés ou d'engager leurs hommes au mois ou de stipuler qu'en cas d'absence chacun fournira son remplaçant.

Faut-il croire que ce soit là une habitude à

jamais enracinée, une disposition d'esprit incu-
rable? Faut-il renoncer à l'espoir d'associer un
jour les indigènes à nos entreprises, toutes fondées
sur la continuité et la régularité de la production?
Personne ne le pense : cette manière d'être des
Arabes n'est que la résultante de circonstances
extérieures et devra se modifier avec ces circonstances mêmes.

Les Arabes—nous ne parlons ni des citadins ni
des gens de métier — sont, à certains égards,
demeurés les contemporains des patriarches de
la Bible; ils pourraient être de cette tribu des
Beni-Israël que M. Renan a récemment replacés
dans leur cadre. Beaucoup mènent encore la pure
vie pastorale, et ceux qui sont arrivés à l'agriculture sédentaire en sont encore aux instruments et
aux procédés primitifs. Ils n'ont ni curiosité
scientifique, ni impatience d'esprit. Leur vie se
passe dans des occupations qui sont une demi-
paresse; leur temps se consume en choses d'importance, qui sont souvent futiles sinon même
inutiles : courses, allées et venues, stations au
marché, entretiens interminables où le silence
tient la première place, etc.... Le temps qui fuit
est pour eux sans valeur; un ouvrier, à qui l'on
aura, dans son compte, fait tort de dix sous, perdra
à les réclamer deux journées qui lui eussent rap-

porté trois francs. Dans ces conditions, ce qu'ils gagnent est toujours peu de chose et ce peu de chose se dissipe sans qu'ils y prennent garde. L'orgueil et l'ostentation leur enlèvent le plus clair de leur bien. Tel indigène qui n'a pas devant lui cent francs achète à crédit un caparaçon de cent écus et engage au marchand son troupeau ou sa récolte de deux années. Tel autre qui, rentrant au logis, ne trouvera pour toute pitance qu'un peu de lait de chèvre et une poignée de farine, passera trois jours à la fantasia, insoucieux du lendemain, risquant vingt fois de rompre le col à son cheval et à lui-même. Avec cela généreux jusqu'à se dépouiller, vaniteux jusqu'à emprunter pour donner, et si fier qu'il ne peut supporter d'être l'obligé de personne.

Un jour, dans un tramway de Tunis, j'ai vu un Arabe portant un sac qu'il serrait contre lui comme une chose précieuse; chose vivante assurément et qui remuait et soulevait l'étoffe. Chacun regarde, s'approche, examine, tâte, interroge. L'homme gardait une attitude faite de la plus orgueilleuse modestie. « — Qu'as-tu là? — Une bête? — Quelle bête? — Un porc-épic. — Qu'en vas-tu faire? — Je le porte au marché. — Veux-tu me le vendre? — Non! — Trois francs! — Non! — Cent sous! dit un second. — Non! —

Deux écus ! » renchérit un troisième. — Non !
Imagine-t-on ce que c'est, pour un indigène, que
deux écus, que dix francs : c'est une somme
qu'il loge rarement dans son bissac et qu'il n'y
garde jamais. L'homme refusa et l'on n'en put
tirer rien. A ce moment le conducteur survient :
« Passez vos places! » L'Arabe ne bouge pas. —
« Ta place ? » fait le conducteur. L'homme bre-
douille quelques mots que l'on ne comprend
point. — « Ta place, ou je te mets à terre. » Un officier intervient et traduit ce qu'a dit l'Arabe : « Il
va au marché vendre sa bête et, une fois l'argent
en poche, paiera les deux sous. — Oh! je
n'entre pas dans ces arrangements ; as-tu deux
sous? — Non! — Descends! » Et déjà il le
pousse au coude. L'homme résiste. L'officier tire
deux sous et dit : « Laissez-le tranquille. » Alors
l'Arabe lève sur son sauveur des yeux de gratitude et de fierté, et, prenant ce porc-épic dont il
avait refusé une fortune : — « Il est à toi, dit-il, et
mon cœur avec. » Tout l'Arabe est là avec son
orgueil infini et sa facilité à se dépouiller.

Un tel peuple pourra-t-il jamais s'élever à la
notion de la richesse par le travail? Oui, et plus
aisément qu'on ne le croit. Ou je me trompe fort,
ou voici sa psychologie : L'argent éveille en lui
l'idée de besoins ou de plaisirs présents, jamais

de besoins ou de plaisirs différés. Il n'ose pas compter sur la sécurité du lendemain. Une piastre, un écu, un louis d'or, c'est à ses yeux la possibilité d'une jouissance, mais si incertaine et problématique, si vite goûtée et envolée si vite, qu'il n'ose y associer (ce qui pour nous en double le prix) l'espérance fugitive, à peine s'en promettre le fugitif souvenir. Vraisemblablement il souhaiterait pouvoir mettre en réserve ce qu'il a gagné et attendre l'heure opportune d'en jouir. Mais entre l'argent épargné avec amour et l'argent dépensé avec joie, que d'obstacles et que d'ennemis : le larron qui dérobe, le caïd qui pressure, le bey qui exige l'impôt, le marabout qui demande l'aumône. Devant tant d'ennemis de son bien, ayant tant de chances d'être dépouillé avant d'avoir joui, l'Arabe se préfère à tous, il dépense sur l'heure et son gaspillage lui semble de la sagesse.

Maintenant survienne l'administration européenne, avec l'intégrité du fisc, la protection de la police et l'équité des juges ; du coup, l'indigène ne risque plus rien à économiser. Il comprend alors le rôle fécond de l'argent ; il épargne, il accumule, il achète de la terre, il joint l'arpent à l'arpent, il ambitionne de s'arrondir et, dans cet espoir, non seulement ne refuse plus, mais vient offrir son travail : le colon trouve alors en face

de lui un peuple laborieux et disciplinable et qui
s'enrichit en l'enrichissant lui-même. Cette évolu-
tion dans les idées et cette transformation dans
la conduite n'exigent pas de très longues années
et déjà le colon tunisien a vu, dans cet ordre de
faits, ce que le protectorat lui a valu en dix ans.

Quand l'indigène en est arrivé là, il est permis
de dire que les temps sont révolus : l'heure de la
colonisation régulière et grandissante a sonné.
Le protectorat l'a bien compris et déjà il a préparé
l'outillage et les instruments de travail pour les
colons de demain.

§ 3. — LE PAYS ; LES TROIS RÉGIONS.

Mais quels seront ces colons de demain ? Que
pourront-ils raisonnablement tenter et espérer?
Qui fera et où se fera la colonisation tunisienne?
Avant de rien entreprendre, avant même de pouvoir songer à dresser son plan de travaux, le protectorat avait à se faire une opinion sur tous ces
points. Une observation attentive, mieux que
cela, certaines expériences instituées l'amenèrent
à des constatations de deux ordres, qui ont
aujourd'hui la valeur de certitudes et sur les-
quelles il peut baser des théories et disposer l'avenir.

La première, c'est que la Tunisie n'est ni par
son climat ni par son sol un pays uniforme et qu'elle
se distingue en trois régions : région du nord, du
centre et du sud. Le nord, avec des saisons qui
rappellent notre midi et des pluies qui lui assurent
entre 500 et 900 millimètres d'eau par an, comporte des cultures comparables (non pas iden-
tiques) à celles de la France : céréales, vigne,
fourrages. Le centre, qui reçoit entre 300 et
500 millimètres, ne comporte ces cultures que
sur quelques points favorisés et, pour le reste, se
prête plutôt à la culture arbustive, comme celle
de l'olivier. Le sud, enfin (dénomination au surplus assez vague, puisqu'elle s'applique, ici, à des
terres de la même qualité que celles du centre et,
là, à des étendues presque désertiques), a une chute
d'eau égale ou inférieure à 300 millimètres ; où
la pluie est plus abondante, il comporte la culture
de l'olivier ; ailleurs, il ne peut nourrir l'homme
qu'au voisinage des sources. Si la source est
abondante et régulière, les habitants se pressent
tout autour par milliers, et l'oasis surgit du désert,
fraîche et luxuriante, comme à Gabès et au Djérid ;
si elle est mince et intermittente, ce ne peuvent
plus être que quelques cultivateurs intrépides,
qui, aux creux des vallons, canalisent, endiguent
et retiennent les eaux et s'acharnent à faire

croître sur le sol rocailleux quelques épis de blé
sans tige et quelques maigres figuiers.

A ces traits sommaires, on devine que la colonisation proprement dite, celle qui fixe l'homme
à la terre, n'a d'avenir que dans le nord et dans
quelques cantons du centre. Ailleurs, l'Européen
pourra placer ses capitaux : il achètera quelque
vaste domaine (*Henchir*) et y installera des
fermiers, des métayers ou des colons partiaires
(à un, deux, ou trois cinquièmes) ; il acquerra des
terres *sialines* (données jadis pas un bey à la
famille Siala et qui depuis ont fait retour à l'État)
et y fera lui-même ou par un fermier à complant
(*Mhrarçi*) la culture de l'olivier, dont les larges
bénéfices paraissent si certains que les Français
de là-bas plantent des olivettes, dans le même
esprit qui nous fait ici contracter une assurance
sur la vie ; mais le vrai colon, celui que la terre
nourrit, intéresse et même passionne, celui-là, à
l'ordinaire, se fixera dans le nord : c'est là qu'est
déjà et que restera, pendant longtemps, proba-
blement même toujours, le centre de la colonisation européenne.

Or, dans cette région du nord — et voici la
deuxième constatation à retenir, — on ne peut (sauf
l'amateur, qui souvent nuit à la cause des colonies
plus qu'il ne la sert) songer à faire de l'agriculture,

si je puis ainsi parler, propre et distinguée, de
l'agriculture en gants blancs. Sans doute, même
dans le nord, on montrera au touriste des orangeries
admirables, des jardins à primeurs, des ruchers ;
mais ce sont là des exceptions, et même ces exceptions ne se rencontrent que sur des domaines où
l'exploitation joint à ces hors-d'œuvre des plats de
résistance. Le colon sérieux doit songer à faire
de l'agriculture de paysan, de l'agriculture man-
ches retroussées : céréales, fourrages, vigne, qui
demande un travail opiniâtre, de la science, de la
sagacité et n'offre que deux avantages certains :
la terre à bon marché et la main-d'œuvre à bon
compte. C'est pour celle-là que le protectorat a
outillé la Tunisie.

C'est celle-là cependant, ou du moins une frac-
tion de celle-là, qui lui reproche d'avoir, entre
tous les problèmes à résoudre, réservé, esquivé
le plus grave et le plus urgent. Je touche ici à une
grosse question : la question de l'eau.

§ 4. — LA QUESTION DE L'EAU.

L'agriculture a besoin de deux auxiliaires : la
chaleur et l'humidité. La chaleur, elle ne saurait
la demander qu'au soleil et en Tunisie le soleil ne

la lui marchande pas ; l'humidité, si le ciel la lui
refuse, peut-elle l'attendre d'ailleurs que du ciel ?
Telle est la question qui divise l'agriculture tunisienne. Voici en quelques mots les deux thèses
que l'on soutient.

La Tunisie compte une année de sécheresse sur
quatre, peut-être même une sur trois. L'agriculteur ne peut s'accommoder d'un régime qui
enlève toute sécurité également à la culture des
fourrages et à celle des céréales. Il prétend qu'on
le modifie par des travaux d'hydraulique agricole.
C'est ce que les Romains avaient compris et
exécuté. D'un bout à l'autre du territoire, ils
avaient capté les sources, édifié des aqueducs,
creusé et bâti des citernes et mis à la portée du
colon des réserves d'eau inépuisables. Ce sont
ces réserves qui firent de l'Afrique du Nord
une terre de fertilité merveilleuse et la grande
nourricière de l'Italie.

Argumentation spécieuse, réplique-t-on, mieux
que cela, argumentation séduisante, mais qui ne
résiste pas à l'examen des faits. Les auteurs anciens,
les inscriptions, ce qui reste des monuments infir-
ment cette double assertion qu'il y ait eu en Tunisie
plus d'eau jadis que maintenant, et qu'au surplus,
l'adduction des eaux ait été organisée dans l'intérêt
de l'agriculture. On a sur bien des points fait le

4

relevé des sources et des rivières qui alimentaient
les aqueducs et les citernes ; on en a comparé
(d'après le diamètre des tuyaux et le cube des
fosses) le débit actuel au débit d'autrefois : les
évaluations coïncident. Or le volume d'eau révélé
par ces calculs serait dérisoire pour les besoins
de l'agriculture. D'autre part, avec un peu d'eau
dérivée et transportée au loin, on peut bien irriguer
de petites surfaces, on ne saurait faire ni fourrages
ni céréales dans des plaines immenses comme
celles de la Tunisie. Et, à vrai dire, sauf par des
sécheresses exceptionnelles, qui reviennent non
pas tous les trois ou quatre ans, mais trois ou
quatre fois par siècle, la Tunisie du Nord peut,
avec ce que le ciel lui impartit d'eau, développer
une agriculture qui lui rapporte honneur et profit.

Des prairies superbes et comparables à celles
de Basse-Normandie, on en rencontre en Kroumirie et dans la presqu'île du cap Bon. Et quant
au blé, il est si vivace et si souple à s'adapter aux
conditions climatériques, que l'humidité du sol,
là où elle lui permet de germer, lui permet aussi
de grandir et de se développer. Ce qu'il exige,
c'est moins abondance d'eau que suffisance de
façons (1) bien et opportunément données à la

(1) Je ne puis, disposant de si peu de place, dire sur
tous ces points même l'indispensable : les lecteurs dési-

terre ; une bonne préparation de printemps, une fumure libérale, un labour au temps des semailles et plus tard un coup de herse, avec de pareils soins, le blé donne une moyenne de 12, de 15 et même de 20 quintaux. Or, jusqu'ici, nous trouvons du fumier de ferme à profusion chez les Arabes qui le laissent perdre ; plus tard, quand, instruits à notre école, ils l'utiliseront sur leurs propres champs, nous en ferons chez nous et, de plus, nous aurons les phosphates de Gafsa, lesquels, pour s'incorporer au sol, n'exigent pas plus d'humidité que le sol n'en renferme normalement. Donc, dans son ensemble et sauf les exigences de quelques districts limités, l'agriculture tunisienne, à moins d'ambitions démesurées et de prétentions folles, ne doit pas réclamer du gouvernement plus d'eau que le ciel ne lui en donne.

Telles sont les deux thèses contradictoires. Le gouvernement jusqu'ici s'est interdit de prendre parti ; il a écarté les partisans intransigeants de chaque opinion, a fait procéder, par toute la Régence, à une enquête méthodique qui lui permettra de mettre en regard les surfaces à irri-

reux d'en connaître davantage, liront les études savantes et sûres de M. Grandeau, le célèbre agronome, parues dans le *Temps* et le *Journal d'agriculture pratique*, de mai à octobre 1896.

guer et le volume d'eau disponible ; après quoi,
il décidera. La méthode est sage et nul ne le
blâmera d'avoir attendu. Car il a montré qu'il
savait décider quand une fois les problèmes sont
étudiés et les solutions prêtes.

§ 5. — Les travaux publics.

En effet, tandis que se discutait cette question
qualifiée par d'aucuns, peut-être à tort, question
de luxe, d'autres, de première nécessité, s'étaient
posées. La Tunisie se peuplait et produisait au
delà de ses besoins : qu'allait-elle faire de l'excédent ? Produire est bien ; transporter est mieux :
cette seconde étape, le protectorat la franchit de
bonne heure.

Et, cependant, sur ce point encore, si l'on con-
sultait la population française de Tunisie, peut-
être ne recueillerait-on pas l'expression d'une
unanime gratitude ; l'impatience fait tort à
l'équité. Comme le protectorat, avant d'ouvrir
ses grands chantiers de travaux publics, a voulu
étudier le pays, mesurer ses besoins, dresser les
devis et s'assurer les ressources, un groupe de
colons a affecté de prendre pour de l'apathie
ce qui était de la prudence. Chaque année, le

gouvernement mettait en réserve une grosse
somme, destinée à l'outillage du pays: ils lui
ont reproché de ne pas l'avoir dépensée au jour
le jour. Cette caisse des travaux publics, remplie
— qu'on ne l'oublie pas — par les impôts indigènes, ils se sont indignés de la lenteur avec la-
quelle on l'a vidée à leur profit, profit — ceci
encore est à noter — exclusif.

Car ces travaux publics, les indigènes, pour le
présent, n'en ont cure. Dans trente, dans cinquante ans, formés par nous, s'étant élevés à
la notion du prix du temps, pressés par de nouveaux besoins, habitués à des procédés plus rapides, ils apprécieront cet outillage moderne. Actuellement, ils ne l'estiment pas indispensable : il
n'est même pas prouvé qu'ils le considèrent
comme utile. A l'intérieur, que faut-il de plus
que les sentiers et les pistes à eux et à leurs mon-
tures? Le long des côtes, qu'est-il besoin, pour
de tels pilotes, de phares et de balises, et, pour
leurs barques, de ports en eau profonde? Tous ces
engins de l'industrie occidentale ne profiteront
d'abord qu'aux Occidentaux, qui peut-être s'en
serviront pour les supplanter.

Si à ces arguments on joint que le protectorat,
avec ses habitudes d'économie prévoyante, se
faisait, par contraste avec le gaspillage ordinaire

des colonies, une réputation de sagesse financière
qui lui vaudrait un jour du crédit à bon marché,
on se convaincra que sa résistance a été bienfai-
sante et qu'à retarder l'ouverture des travaux, il
en a du même coup avancé et abrégé l'exécution.

Qu'on jette les yeux sur une carte de la
Régence, on y verra (en exploitation, en cons-
truction ou en projets d'une réalisation prochaine)
un réseau de routes et de voies ferrées qui
dépasse même de loin les nécessités présentes.
Trois centres, trois troncs, comme disent les Amé-
ricains : Tunis, Sousse, Sfax. Du premier, Tunis,
se détachent trois lignes : l'une à l'ouest, parallèle
à la mer, s'en va rejoindre la frontière algérienne
à Ghardimaou, avec, au nord, un embranchement
sur Bizerte ; l'autre, au sud-ouest, gagne le Kef,
par Zaghouan ; la dernière, au sud, se dirige sur
Sousse et Sfax. De Sousse part un autre réseau,
qui, par Kairouan, se soude aux lignes algériennes,
à Tebessa ; enfin de Sfax, un troisième réseau,
traversant la Régence dans sa largeur, aboutit à
Tozeur, par Gafsa, centre d'importants gîtes de
phosphate. Ces divers réseaux seront reliés par
des voies transversales, tandis qu'à chacun de
nombreuses routes de terre apporteront le fret
des régions voisines. Le plan est bon, les moyens
d'exécution sont ingénieux. Pas de règle uniforme :

ici, l'État construit et exploite; là, il s'est contenté de construire; ailleurs, il ne construit ni n'exploite et, sous de certaines conditions débattues, concède la ligne à une société, à ses risques et périls.

Mêmes procédés pour les ports. On a approprié et outillé quatre grands ports et douze autres de moindre importance. Ceux-ci, l'État s'en charge; pour les premiers : Bizerte, Tunis, Sousse, Sfax, il a traité avec des compagnies. Pas de contrat type: partout question d'espèce. Moyennant, ici, des subventions, là, des concessions de terres, des monopoles ou des droits à percevoir, ces sociétés lui ont creusé le port de Tunis, uni à la mer le magnifique lac de Bizerte, et fait avec les rades de Sousse et de Sfax des ports ouverts aux bateaux calant jusqu'à 6 mètres. Chacun de ces ports est relié, par voie de terre ou de fer, au cœur même du pays, et d'abord aux centres les plus fertiles et les plus peuplés. Désormais, le colon peut creuser son sillon et y jeter à pleines mains la semence; vienne la moisson, le blé n'encombrera pas longtemps la grange, ni le troupeau l'étable; partout, à l'ouest vers la colonie voisine, à l'est et au nord vers la grande mer, rapprocheuse des peuples, s'achemineront, rapides, les glorieux convois qui attestent son labeur, ennoblissent sa vie et fondent sa fortune.

§ 6. — LE DÉBOUCHÉ ; LES TRAITÉS DE COMMERCE ET L'UNION DOUANIÈRE.

A une condition cependant : c'est qu'une fois amenés au rivage, les produits tunisiens le puissent quitter ; c'est, pour le dire net, qu'ils aient un débouché.

Le colon français est vraiment dans une situation délicate et même difficile. Il semblerait qu'il ne dût avoir qu'un souci : produire ; ne rencontrer qu'un ennemi : la nature, et que, quand il a su dégager des méthodes, dompter la terre, discipliner la main-d'œuvre, et obtenir une moisson, il dût être quitte de tout ennui. Point : après la nature, voici les hommes. Neuf fois sur dix, quand il a produit, il ne peut pas vendre. Pour vendre, il lui faut venir à bout de deux obstacles. Le premier est la distance (aujourd'hui supprimée en Tunisie) ; le second est le débouché. L'agriculteur tunisien peut *faire sortir* son produit du domaine. Mais où le *faire entrer* ? Quand il y songe, il reste épouvanté.

C'est qu'en effet la métropole (ou plutôt un parti qui prétend parler pour la métropole) est là qui veille et qui surveille. A l'entendre, la métropole est jalouse de ses colonies. Elle les a con-

quises pour son profit, et le profit, à ses yeux, ce
n'est pas son prestige rehaussé, son territoire
agrandi, de nouveaux champs ouverts à l'activité
de ses fils les plus entreprenants, une soupape de
sûreté adaptée à sa machine surchauffée, son génie
qui se répand sur le monde, l'esprit français qui
se renouvelle; non, tout cela, c'est de la politique
ou de la gloire, ce n'est pas le profit. Le profit consiste à vendre et aussi à acheter, puisqu'il est mal-
heureusement nécessaire d'acheter pour vendre.

Et, partant de là, on rêve un état de choses où
colonies et métropole ne feraient qu'un, ne com-
merceraient qu'ensemble à l'exclusion de l'étranger, s'achèteraient tout, se vendraient tout et
ignoreraient le reste du monde : l'échange entre soi
et pour soi. Le faible de cette conception, c'est
qu'elle implique non seulement l'unité d'intérêt,
mais encore l'unanimité des intérêts. Or la métropole n'est pas un bloc en face d'un autre bloc, la
colonie. Elle est un agrégat de particuliers qui
ont leurs vues personnelles et qui les défendent en
particularistes : des viticulteurs qui redoutent la
concurrence des vins, des éleveurs qui tremblent
devant le bétail, des agriculteurs qui en veulent
au blé de Tunis. Tous s'inquiètent, s'indignent,
clament, s'agitent et le gouvernement, par faiblesse
ou, quelquefois, par complicité d'opinion, ne laisse

passer les produits de Tunis que par une porte
entre-bâillée que garde un fonctionnaire, je me
trompe, un factionnaire, muni d'instructions,
disons d'une consigne, si strictes, que l'encombre-
ment menace et que le producteur s'effraie. Beau
moyen, en vérité, d'encourager la production et de
développer la richesse.

A cela, quel remède? Je répondrais : la liberté.
La porte largement ouverte, le factionnaire retiré,
l'accès permis à tous venants : Anglais, Allemands,
Autrichiens, Italiens, Espagnols, Maltais, Turcs;
l'achat de toutes mains, la vente à tous chalands;
ce serait pour la colonie une prospérité rayon-
nante. Telle n'est pas la conception du parti politique que j'ai dit. Sa conception, c'est la fusion in-
time, l'absorption de la colonie par la métropole,
l'union douanière; les produits français et tunisiens pénétrant librement, le tarif général des
douanes fonctionnant au plein sur les territoires
de la Tunisie et de la France; en conséquence,
les produits étrangers arrêtés, on s'en flatte, par
des droits exorbitants : système qui se peut dé-
fendre et qui peut triompher, mais qui risque de
n'enrichir guère la Régence, de l'exposer à toutes
les fluctuations de notre politique économique,
et même, avec le temps, — car l'Union douanière,
c'est (qu'on ne s'y trompe pas) la main glissée,

avancée, puis enfin mise sur l'administration in-
térieure — de la dépouiller de ce que le protectorat lui avait laissé d'indépendance.

§ 7. — La colonisation ; les diverses classes de colons.

Quittons cette question encore non résolue et
qui laisse un coin d'ombre sur l'avenir. Avec la
forme si souple du protectorat, sa législation
flexible et dépouillée des *impedimenta* que nous
connaissons en France, son corps de magistrats
et de fonctionnaires recrutés avec scrupule, payés
avec libéralité et maintenus avec soin, avec ses
finances bien gérées (et gardées jusqu'ici d'un
excès de fiscalité) et ses travaux publics largement esquissés, la Tunisie a dans son jeu de
magnifiques atouts. Pour gagner la partie contre
l'indifférence des uns et l'hostilité des autres, il
lui en faut davantage encore. Le progrès d'hier
ne vaut que s'il engendre le progrès de demain.
Demain, que fera-t-on ?

La Tunisie ressemble à cette belle fleur dont
parle Catulle,

Quem mulcent aurae, firmat sol, educat imber,

mais qui a poussé dans un champ désert et que le monde ignore. Cent colons, mille colons, ne craignons pas de le redire, ne font pas une colonie. Or, si de la population française de Tunisie, on retranchait les fonctionnaires, les commerçants, les rentiers et les oisifs, resterait-il mille colons, j'entends mille agriculteurs vivant sur la terre et vivant de la terre? Sans être le disciple aveugle de nos grands physiocrates et croire avec eux que toute richesse vienne du sol et que les autres classes de citoyens : commerçants, fonctionnaires, etc., ne soient que des parasites, il est permis, dans la période que traverse la Tunisie, d'attendre son développement premier surtout de l'agriculture. Le commerce ne peut prospérer que si d'abord l'agriculture prospère. C'est l'agriculture qui peuple une colonie, qui dégrossit et façonne les indigènes, qui les enrichit en même temps qu'elle enrichit les colons et qui ainsi prépare au commerce local et métropolitain une clientèle nombreuse et aisée. Donc, ce qu'il faut à la Tunisie, c'est plus de colons, plus de colons-agriculteurs : elle en peut recevoir, nourrir et enrichir des centaines de mille.

Autour de la forte élite qu'elle a su attirer dès le début, elle groupera des colons de tout rang et de tout milieu. A tous, elle demandera, comme à ceux de la première heure, de l'intelligence, du travail, de l'endurance, de la moralité ; quant à l'argent, ses prétentions varieront avec les ambitions de chacun. Elle n'a pas un type unique de colons ; elle ne leur réserve pas à tous le même rôle. A celui qui viendra avec cinquante ou soixante mille francs elle offrira ses enzels de 1,000 à 2,500 hectares ; à celui qui n'en a que trente mille, un domaine d'une centaine d'hectares ; à celui qui n'en a que dix mille, une propriété de trente ou quarante ; enfin, à l'humble travailleur, qui porte sur lui toute sa fortune, deux ou trois mille francs laborieusement épargnés (ouvrier de métier ou homme des champs émigré à la ville), soit une situation de métayer, soit peut-être quelque lopin de terre, à proximité de son travail, pour qu'aux heures de loisir il y puisse planter de la vigne ou des figuiers et se constituer, en dehors de son salaire, une réserve d'avenir.

Ces colons, tous ces colons, d'une ou d'autre catégorie, elle les attend avec une égale impatience, elle les accueillera avec une bienveillance égale. Et déjà, elle ne pense pas que ce soit assez de soupirer après eux : elle leur envoie des émissaires. En France, par l'intermédiaire de cette puissante association, l'*Union Coloniale*

Française (1), elle demande à la presse, aux conférences, aux brochures, aux affiches de répandre ses offres et ses promesses parmi les populations de nos campagnes, dans cette jeunesse de nos écoles d'agriculture, partout où elle a chance de recruter des colons de vaillance et de valeur. En Tunisie, la voici qui fait plus encore : elle crée, sur les domaines de quelques hommes de bonne volonté, des « maisons d'apprentissage » où le colon de demain pourra, moyennant une pension modique, apprendre, sous la direction du propriétaire, durant une ou deux années, le difficile métier d'agriculteur aux colonies, éviter ainsi de ruineuses « écoles » et ne prendre parti et se fixer

(1) L'Union coloniale française, qui s'était déjà signalée par sa propagande consciencieuse et habile en faveur de la Nouvelle-Calédonie (en 1895-96, sur ses conseils, 120 familles s'y sont établies, possédant chacune un capital de 5000 francs) a accepté du Résident général de Tunisie, M. Millet, de faire connaître en France, par une large propagande, la Tunisie et ses ressources au point de vue de la colonisation et aussi de répondre aux demandes de renseignements qui lui seraient adressées par les personnes désireuses d'émigrer. Elle a publié un *Guide de l'Émigrant en Tunisie*, actuellement à sa 10e édition, dont l'auteur est M. Saurin, colon très estimé, auteur de remarquables travaux sur la colonisation en Tunisie. Un fonctionnaire de la Résidence générale de Tunisie, direction de l'Agriculture, est à demeure aux bureaux de l'Union Coloniale, 56, rue de Provence, Paris, et répond par lettre individuelle à toute demande sérieuse.

que quand il se connaîtra lui-même et, avec
lui, le pays et ses habitants, le sol et ses ressources.

Cet ensemble de mesures ingénieuses et bien-
veillantes, à peine encore en a-t-on ouï parler
que déjà les demandes affluent. Avant dix ans,
ne doutons pas qu'il ne s'établisse un puissant
courant d'émigration de la métropole vers le protectorat et que tant de Français d'énergie et de
labeur qui s'en allaient se confondre et se perdre
dans la masse des Amériques, ne développent, en
terre française, une variété nouvelle, vivace et
vigoureuse : le Franco-Africain, orgueil de la
patrie et son espoir.

Le succès rend audacieux : je rêverais plus
encore. Je souhaiterais une mesure peut-être inat-
tendue, qui étonnera de bons esprits et — c'est à
craindre — scandalisera les timorés : une mesure
qui amènerait et fixerait à jamais en Tunisie des
familles, c'est-à-dire des femmes et des jeunes
filles épouses désignées des immigrants prochains.

Nos jeunes filles françaises, à tort ou à raison
(à tort, selon moi, car il y a mieux à faire que de
se marier à tout prix), sont élevées pour une
seule carrière : le mariage. Or, la société, dans le
même temps qu'elle les parque dans cette pro-
fession de filles à marier, s'évertue à compliquer

l'existence et à retarder, peut-être indéfiniment,
l'époque souhaitée des justes noces. Partant, une
foule de filles nubiles passent le meilleur de leur
jeunesse à attendre « le mari ». Et tandis que tout
un sexe languit ainsi sur ce bord de la Méditerranée, sur l'autre bord tout un autre se désespère.
La France compte des milliers de jeunes filles qui
soupirent après un mari, la Tunisie, des centaines
de jeunes hommes qui réclament une femme. Ne
peut-on donc mettre en présidence ces éléments si
pleins d'affinité? Voici, je le crois, un moyen qui
permettrait d'y arriver.

Tunis, Bizerte, Sousse, Sfax, le Kef, Béja,
bien d'autres points encore de la Régence où la vie
est facile et à bon marché, seraient des résidences
rêvées pour des rentiers, retraités, pensionnés, de
ressources exiguës et de progéniture exubérante.
Au lieu de végéter chichement en France, ils
mèneraient là-bas une existence aisée et même
confortable et, par surcroît, assureraient l'avenir
de leurs enfants et le peuplement de la Tunisie.
Nos mœurs ne permettent point d'embarquer
pour Tunis, comme les Anglais le font pour Sydney,
des théories de jeunes filles conduites par des
matrones ; mais elles toléreraient peut-être qu'on
poussât doucement vers les colonies les pensionnés
de l'État, en majorant très légèrement le chiffre

de pension de ceux qui s'y fixeraient avec leurs familles. Ceci n'est point une boutade : l'homme d'État qui prendra l'initiative de cette mesure aura bien mérité de la Plus Grande France.

§ 8. — LE PRÉSENT ET L'AVENIR ; LE COLON D'AUJOURD'HUI.

D'ici là, bien des améliorations encore auront apparu : Cour d'appel installée à Tunis ; crédit foncier pratiqué par quelque puissant établissement et, plus tard, crédit agricole, au moyen de ces banques ou associations locales, comme il en fonctionne des milliers en Italie ; modifications apportées au régime des enzels que, si l'on veut donner satisfaction à la passion des Français pour la propriété, il aura fallu rendre rachetables ; parcelles de terre, au voisinage des villes, mises sans grands frais à la disposition des artisans, ne fût-ce que pour y planter la vigne et y dresser la tonnelle amie du gai dimanche et complice des fiançailles improvisées. J'en passe et des meilleures : l'espace me fait défaut pour les mentionner seulement et je voudrais, après cette Tunisie que j'entrevois, dire un mot encore de la Tunisie que j'ai vue, surtout du colon avec qui j'ai vécu.

Le Français qui, il y a une trentaine d'années, se décidait à aller visiter notre empire colonial, risquait de rencontrer parfois un douloureux spectacle : celui de nos compatriotes qui habitaient les colonies. La France d'alors offrant une large aisance à qui voulait la gagner, émigraient seuls les enfants perdus. Qu'aujourd'hui tout cela est changé et quels nobles types de notre race nous avons rencontrés en Tunisie : rejetons verdoyants et vigoureux de nos vieilles familles, pousses vivaces et puissantes de la jeune démocratie, officiers démissionnaires à qui la vie de garnison laissait trop de loisirs, fonctionnaires en rupture de bureau que l'Administration a lassés, bourgeois, petits et moyens, à la recherche de la fortune, fils cadets de gros propriétaires et de riches industriels que séduisent les grandes étendues et les larges perspectives de l'agriculture tunisienne ; presque tous doués d'une solide instruction, munis d'une morale résistante, impatients du succès, mais sachant que le succès se conquiert de haute lutte, ardents au travail, enclins aux expériences et prêts aux privations.

Le domaine est en pleine campagne : le voisin le plus proche est à des kilomètres ; mais le toit rouge qui pointe à l'horizon éloigne l'idée de solitude : on sent qu'un Français, qu'un ami est là qui répondrait au premier appel. Tout autour, des Arabes : villages établis là de tout temps, tribus en marche, souvent douars fixés par le colon sur sa ferme. Le colon fournit la terre, les bœufs, les instruments, l'Arabe donne son travail; à la fin de l'année, ils partagent. Lui, cependant, les ayant sous la main, a appris leur langue, et aime à s'entretenir avec eux. Il leur enseigne les meilleurs procédés et, s'il les sent incrédules, laisse aux résultats le soin de le justifier. Il est plus que leur maître, il est leur ami et leur conseil. Le soir, quand le troupeau est rentré et l'attirail rangé, il écoute leurs griefs contre lui ou leurs mutuelles réclamations : sa sentence est équitable et chacun s'en va confiant en sa justice, sinon toujours satisfait de son jugement. A ce faire, sa réputation s'étend au loin, et quand vient le temps des semailles, il n'a besoin de convoquer personne : cent charrues indigènes accourent spontanément pour l'aider à préparer la terre.

Sa vie est rude, mais pleine de dignité : le colon tunisien s'endort chaque nuit sur l'oreiller du devoir accompli. Peu de loisir pour rêver, peut-être pas tout à fait assez pour songer et réfléchir: mais il a emmené avec lui et garde en une étroite bibliothèque, mêlés à ses auxiliaires d'aujourd'hui, de chers compagnons de sa jeunesse : la *Maison*

Rustique y touche l'*Histoire* d'Henri Martin.
Pour leur rendre visite, il a la morte saison,
comme il a le dimanche pour rendre visite à ses
voisins. Ce jour-là, il fait sa toilette, sans pour
cela s'endimancher, et va s'asseoir à quelque
table hospitalière. Il a le choix : ses voisins
sont des amis et non pas des rivaux. Heureux du
loisir de la journée et plein encore des travaux de
la semaine, il s'entretient de mille choses, l'âme
reposée, le cœur joyeux et la langue libre mais
non pas débridée : le colon tunisien ne vit pas
seul, sa femme est là et c'est elle qui donne le ton.
Digne compagne de ce laborieux, comme lui elle
met la main à la pâte, et ne s'épargne guère.
A elle le soin de la basse-cour et de la laiterie, de
la maison et des enfants, chère bande grandissante. Levée à l'aube, couchée à la nuit tombante,
elle oublie de se reposer. Quand vient le crépus-
cule, elle court à sa chambre, quitte ses vêtements
de travail, et s'empresse de la cuisine à la salle à
manger. Le maître rentre : la maison est claire et
fraîche ; la table dressée ; une odeur appétissante
se glisse par la porte entr'ouverte ; la femme
attend parée et souriante ; les enfants, lourds de
sommeil, tendent leurs becs roses ; sur la cheminée
quatre fleurs des champs en un vase mettent
dans ce milieu champêtre leur note élégante : un

souffle d'idéal passe sur la maison et le bonheur y habite.

Heureuse colonie, vivante et prospère, rassurante et réconfortante et qui désormais nous dispense, quand nous voulons admirer une œuvre coloniale, d'aller à l'étranger; heureuse population qui vit en paix avec elle-même et donne les plus touchants exemples de solidarité et de mutuelle assistance; plus heureuse encore, si elle se défiait de velléités politiques, dont elle ne sait pas assez combien la France se désintéresse et qui ne peuvent que lui faire perdre une indépendance et une liberté à qui elle a dû tant de bienfaits et un succès si éclatant.

Aux Hommes de Bonne Volonté.

TABLE

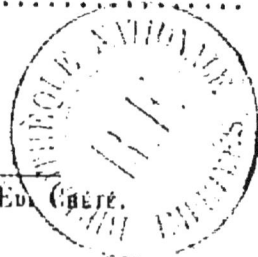

4733-96. — CORBEIL. Imp. ED. CRÉTÉ.

www.ingramcontent.com/pod-product-compliance
Lightning Source LLC
LaVergne TN
LVHW050624090426
835512LV00008B/1651